Breakf

LOVE

Breakfast LOVE

45 geniale Frühstücksrezepte aus aller Welt

Elisa Paganelli
Laura Ascari

CHRISTIAN

»Bücher sind manchmal besitzergreifend, nicht wahr? Du gehst in eine Buchhandlung, und ein bestimmtes Buch springt dich an, als hätte es sich selbst dort aufgestellt, nur um deine Aufmerksamkeit auf sich zu ziehen. Manchmal wird das, was darin steht, dein Leben verändern, manchmal brauchst du es nicht einmal zu lesen. Ein Buch um sich zu haben, ist manchmal einfach ein Trost.«

Sarah A. Allen

Einleitung

Bevor sich unsere Wege hier kreuzten, liebten wir beide bereits die frühen Stunden des Tages, die zarten Lichtstrahlen auf den Dingen, den feinen Staub, den die ersten Sonnenstrahlen durch den Vorhang sichtbar machten. Wie in einem Film liefen die täglichen Rituale ab, verschwommen erkennbar durch zwei Fenster – zwei Leben, die auf rätselhafte Weise parallel verliefen.

Durch die Wärme unserer Decken drang die kalte Morgenluft, wir hielten die ersten Tassen Tee umklammert und ließen den vernebelten Blick nach draußen schweifen. Hätten wir die kleinen Dinge des Lebens beschreiben sollen, die uns erfreuen, so wären es diese Augenblicke gewesen, genau dieser Moment der ersten Sonnenstrahlen eines Tages, den es erst zu erleben galt. Das Frühstück war es, das uns zusammenführte, das uns entdecken ließ, wie nahe wir uns künstlerisch und kulinarisch standen. Wir begannen zu fotografieren und zu zeichnen, getrieben von dem Wunsch und der Neugier, unsere schöpferischen Welten zu vereinen. So nahm ein Traum Form an. Ein Traum, den wir überall in der Welt buchstäblich bei 180 °C in den Backofen schoben, um zu entdecken, wie das Frühstück bei einem Einzelnen aussieht, aber auch bei allen anderen. Diese Reise wäre natürlich ohne zwei ganz besondere Begleiterinnen nicht möglich gewesen. Da waren Lorenza, eine begeisterte Bäckerin, die Regentropfen in zart schmelzende Schokolade verwandeln kann, und Ludovica, eine Köchin mit einer besonderen Liebe für Orte, an denen die Hauptzutat eine Prise Sonne ist. So reisten wir von Küche zu Küche, um Köstlichkeiten zu entdecken, die wir noch nie probiert hatten, Düfte zu atmen, die nach einer Saison verfliegen, und die Begeisterung zu verspüren, in die einen ein gutes Rezept versetzen kann. Es gibt Kochbücher, die einen lehren wollen, gemäß den Jahreszeiten zu kochen, es gibt andere, die die besten Techniken vermitteln, um das komplizierteste Gericht zu erhalten. Dieses Buch ist eine Fahrkarte ohne Rückfahrt, die einen in einer anderen Stadt, in einem anderen Land erwachen lässt, ohne dass die Zeitzone gewechselt wurde.

Haben Sie schon den Koffer gepackt?

GOLFE DE VALINCO
Propriano
Olmeto
Sartène
Porto-Vecchio
PARC
Col de Bavella

Inhalt

Qaimaq chai

Afghanistan

Mit geschlossenen Augen gehen Sie in einem verzauberten Garten aus grünem Tee spazieren. Der Duft hüllt Sie ein, auf Ihren Kopf fallen Rosenblätter. Lassen Sie sich von der Wärme der Tasse in Ihren Händen verwöhnen.

Zutaten

Für den qaimaq*:*
250 ml Vollmilch
6 EL Sahne
½ EL Maismehl

Für den Chai-Tee:
4 TL loser grüner Tee
¼ TL Natron
250 ml Vollmilch
4 TL Zucker
2 Kardamomkapseln

Für 4 Personen
Zubereitung: 45 Minuten
Kochzeit: 2 Stunden

Zubereitung

Für den *quaimaq:*
Die Milch in einen Topf geben und zum Kochen bringen. Die Sahne unterrühren und die Temperatur reduzieren. Das Maismehl sieben und ebenfalls unter die Milch rühren. Etwa ½ Stunde köcheln lassen. An der Oberfläche der Milch bildet sich dabei eine dicke Creme; diese immer wieder abschöpfen und in einen anderen möglichst breiten, niedrigen Topf geben. Es darf nur ein kleiner Teil Milch in dem ersten Topf verbleiben.
Den anderen Topf mit der gesamten Creme bei niedriger Temperatur etwa 2 Stunden köcheln lassen. Die Creme an einem kühlen Ort aufbewahren.

Für den Chai-Tee:
In einem kleinen Topf 250 ml Wasser zum Kochen bringen. Den grünen Tee und das Natron unterrühren und 5 Minuten kochen lassen. Vom Herd nehmen, einige Minuten »setzen« lassen und filtern. Nun muss er mit Luft in Kontakt kommen, dazu mehrmals aus größerer Höhe von einem Gefäß in ein anderes gießen. Mittlerweile müsste der Tee eine rote Farbe angenommen haben. Wieder auf den Herd stellen und die Milch zugeben. Nach 1 Minute vom Herd nehmen.
Zucker sowie Kardamom und 1 EL *quaimaq* zugeben. Mit indischem Chapati-Brot servieren … und dann guten Appetit!

Ful medames

Ägypten

Neue Geschmacksrichtungen zu entdecken, kann sich als Abenteuer erweisen. Die Säure der Zitrone, die Süße der Paprika ... Lassen Sie sich diese Suppe einmal von jemand anderem kochen. Können Sie alle Zutaten erraten?

Zutaten

500 g getrocknete Dicke Bohnen
Salz
1 Knoblauchzehe, durchgepresst
Saft von 1 Zitrone
2 Tomaten, gewürfelt
1 Zwiebel, fein gewürfelt
etwas Olivenöl extra vergine
etwas Chilipulver
etwas gemahlener Kreuzkümmel
etwas edelsüßes Paprikapulver
etwas Petersilie

Für 4–6 Personen
Zubereitung: 15 Minuten
Wartezeit: 12 Stunden
Kochzeit: 2 Stunden

Zubereitung

Die Bohnen über Nacht in Wasser einweichen. Anschließend in reichlich Wasser mindestens 2 Stunden kochen (je nach gewünschter Konsistenz). Wer es cremiger mag, püriert einen Teil davon. Den Herd ausschalten.
Etwas Salz, den Knoblauch, den Zitronensaft und den Großteil der Tomaten und der Zwiebel unterrühren. Schließlich das Öl und die Gewürze zugeben. Das Ganze mit der restlichen Tomate, der Zwiebel und der Petersilie garnieren und eventuell mit hart gekochten Eiern und arabischem Brot servieren. Was für eine Geschmacksexplosion!

Knoblauch und Gewürze nach Geschmack zugeben.

Baked oatmeal

Alaska

Auf der Grundlage von Haferflocken entsteht hier ein knuspriges Gebäck. Noch schnell ein Blick ins Buch, ein Schluck heiße Schokolade und ein ganz besonderer Tag kann beginnen.

Zutaten

250 g Haferflocken
100 g brauner Rohrzucker
75 g Mandelkerne
125 g rote Trockenfrüchte
1 TL Trockenhefe
2 TL gemahlener Zimt
½ TL Salz
2 Eier (L)
250 ml Vollmilch
1 TL Vanilleextrakt
4 EL Butter
2 Äpfel

Für 4 Personen
Zubereitung: 20 Minuten
Backzeit: 45 Minuten

Zubereitung

Den Backofen auf 180–200 °C Ober- und Unterhitze vorheizen. Haferflocken, Rohrzucker, Mandelkerne, 75 g Trockenfrüchte, Hefe, Zimt und Salz gut vermischen. In einer zweiten Schüssel die Eier mit einer Gabel verquirlen und unter Rühren die Vollmilch und den Vanilleextrakt zugeben. Die flüssigen zu den trockenen Zutaten geben. Die Butter in einem kleinen Topf zerlassen und unter die Mischung rühren.
Die Äpfel waschen, halbieren, entkernen, würfeln und auf dem Boden einer gebutterten feuerfesten Form verteilen. Gleichmäßig mit der Haferflocken-Mischung bedecken. Zum Schluss mit den restlichen Trockenfrüchten und 1 Prise Zimt bestreuen.
Im Ofen 40–45 Minuten backen, bis die Oberfläche gebräunt ist (ggf. die Temperatur für die letzten Minuten auf 250 °C hochschalten). Zu einem schönen Glas heißer Milch oder heißer Schokolade genießen.

Rote Früchte!

Ravani

Albanien

Eine Torte aus kleinen goldgelben Rauten. Stellen Sie sich vor, sie am Himmel flattern zu sehen wie leuchtende Drachen. Und nun der erste Biss.

Zutaten

Für den Kuchen:
4 Eier (M)
125 g Naturjoghurt
150 ml Sonnenblumenöl
120 g Zucker
200 g Weizenmehl Type 405
120 g Grieß
1 Pck. Vanillezucker
1 Pck. Backpulver
Hagelzucker zum Garnieren

Für den Sirup:
190 g Zucker
Abrieb und Saft von 1 unbehandelten Zitrone

Für 10–12 Stücke
Zubereitung: 15 Minuten
Back-/Kochzeit: 45 Minuten + 15–20 Minuten

Zubereitung

Für den Kuchen:
Den Backofen auf 180 °C Ober- und Unterhitze vorheizen. Eier, Joghurt, Öl und Zucker mit dem Schneebesen gut verrühren. Die trockenen Zutaten in einer zweiten Schüssel vermischen, zugeben und alles gut vermengen. Den Teig in eine gebutterte Form gießen (wer das Gebäck etwas höher mag, verwendet eine Springform mit 26 cm Durchmesser; in einer rechteckigen Form wird es flacher). Im Ofen etwa 45 Minuten backen, bis die Oberfläche gebräunt ist.

Für den Sirup:
In einem Topf 190 ml Wasser mit dem Zucker 15–20 Minuten kochen. Gegen Ende etwas Zitronenabrieb hinzufügen. Zuletzt den Zitronensaft unterrühren, den Sirup vom Herd nehmen und abkühlen lassen. Den Kuchen in Rauten schneiden, mit dem Sirup beträufeln und mit den restlichen Zitronenzesten sowie Hagelzucker garnieren.

Mit Zitronenzesten garnieren.

Zitronensirup

Alfajores

Argentinien

Noch mit geschlossenen Augen den Duft von Vanille aus der Küche wahrnehmen, und man denkt sofort an diese köstlichen Kekse, die ... Träume ich oder bin ich wach?

Zutaten

Für die Dulce de leche:
330 ml Vollmilch
1 Msp. gemahlene Vanille
100 g Zucker
1 Prise Natron

Für die Kekse:
130 g Weizenmehl Type 405
130 g Kartoffelstärke
1 TL Backpulver
1 TL Vanillezucker
100 g weiche Butter
75 g Zucker
2 Eier (M)

Für 15–20 Stück
Zubereitung: 1 Stunde 30 Minuten
Wartezeit: 1 Stunde
Backzeit: 10 Minuten

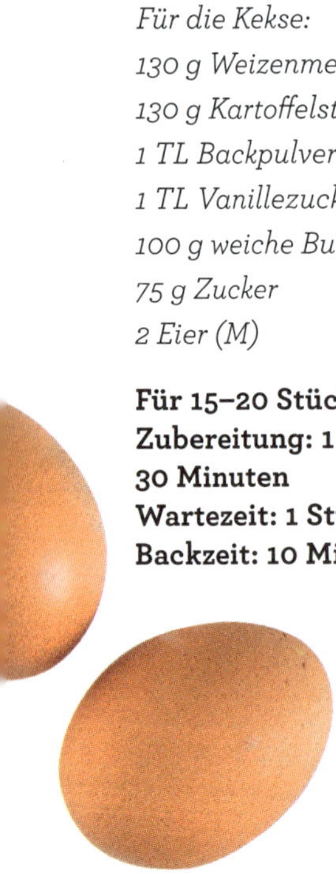

Zubereitung

Für die Dulce de leche:
Vollmilch, Vanille, Zucker und Natron in einem kleinen Topf bei mittlerer Temperatur erhitzen, dabei mit einem Holzlöffel umrühren. Wenn die Flüssigkeit kocht, etwa 1 Stunde weiterrühren, bis die Creme die Konsistenz von dickflüssigem Karamell hat (bedenken Sie aber, dass sie nach dem Abkühlen noch fester wird). In eine kleine Schüssel füllen und abkühlen lassen.

Für die Kekse:
Mehl, Stärke, Backpulver und Vanillezucker sieben und in einer Schüssel vermischen. In einer anderen Schüssel die Butter mit dem Zucker schaumig rühren. Die Eier einzeln unterrühren. Nach und nach die Mehlmischung untermengen und alles zu einem weichen Teig verarbeiten. Diesen zu einer Kugel formen und in Frischhaltefolie gewickelt mindestens 1 Stunde im Kühlschrank ruhen lassen. Den Backofen auf 180 °C Ober- und Unterhitze vorheizen.
Den Teig zwischen zwei Lagen Backpapier legen, damit er nicht an der Arbeitsfläche kleben bleibt, und 5 mm dünn ausrollen. Das obere Backpapier abziehen und mit runden Förmchen mit etwa 4 cm Durchmesser Kekse ausstechen (damit das gut funktioniert, muss der Teig kalt sein). Auf ein mit Backpapier belegtes Backblech legen und im Ofen 10 Minuten backen. Herausnehmen und abgekühlt mit der Dulce de leche füllen.

Anzac biscuits

Australien

Wenn man in das knusprige Gebäck beißt, denkt man unweigerlich an die Soldaten, die einst diese Kekse von ihren Lieben zu Hause geschickt bekamen. Ganz besondere kleine Päckchen, um die dunkelsten Tage zu erhellen.

Zutaten

150 g Weizenmehl Type 405
70 g Haferflocken
50 g Kokosraspel
100 g brauner Rohrzucker
120 g Butter
2 EL Honig
(oder Zuckerrübensirup)
1 TL Natron

Für 15–20 Stück
Zubereitung: 15 Minuten
Backzeit: 15–20 Minuten

Zubereitung

Den Backofen auf 160 °C Ober- und Unterhitze vorheizen. Das Mehl mit Haferflocken, Kokosraspeln und Rohrzucker vermengen. In einer Kasserolle die Butter und den Honig schmelzen. Das Natron in 1 EL kochend heißem Wasser auflösen und zugeben (wenn das Natron in Kontakt mit der Masse kommt, bildet sich Schaum). Nun die Buttermischung auf die trockenen Zutaten geben. Mit einem Teigspatel oder mit der Hand gut unterheben, anschließend kleine Kugeln formen und diese flach drücken, um runde Kekse zu erhalten (Durchmesser 3–5 cm).
Die Kekse auf ein mit Backpapier belegtes Backblech legen und im Ofen 15–20 Minuten backen, bis sie schön goldgelb sind. Was für ein Duft und was für ein Geschmack!

Gaufre

Belgien

Die Festsaison ist eröffnet. Es duftet nach Karamell, Schokolade und kandierten Früchten. Im Hintergrund ertönt Jahrmarktmusik. Heute gibt es Frühstück auf dem Riesenrad.

Zutaten

4 g Trockenhefe
250 g Weizenmehl Type 405
120 ml Vollmilch
1 Ei (M)
125 g weiche Butter
30 g Honig
125 g Zucker
Vanilleextrakt nach Belieben

Für 6 Stück
Zubereitung: 15 Minuten
Wartezeit: 12 Stunden 15 Minuten
Backzeit: 15–20 Minuten

Zubereitung

Die Hefe mit dem Mehl gründlich mischen. Dann mit Milch, Ei, Butter und Honig zu einem glatten Teig verkneten. Diesen mit Frischhaltefolie bedeckt über Nacht ruhen lassen.
Anschließend den Zucker und nach Belieben etwas Vanilleextrakt unterkneten und weitere 15 Minuten gehen lassen.
Den Teig in sechs Kugeln teilen, ein Waffeleisen vorheizen, mit etwas Butter einstreichen und die Waffeln bei mittlerer Temperatur backen, bis sie eine appetitliche, leicht goldbraune Kruste bekommen.
Die Waffeln mit einer Beilage nach Geschmack servieren, entweder süß oder herzhaft.

SMILE
is your best
DRESS

Bolo de fubá

Brasilien

Saudade *ist sicher nach diesem Vormittag, den man mit der ganzen Familie verbracht hat. Heute landen wir an den Stränden von Bahia.*

Zutaten

3 Eier (M)
100 g Margarine
100 g Zucker
200 g Weizenmehl Type 405
250 g Maismehl
2 TL Backpulver
300 ml Vollmilch
Vanillezucker und Puderzucker zum Garnieren

Für 12 Stücke
Zubereitung: 15 Minuten
Backzeit: 40 Minuten

Zubereitung

Den Backofen auf 200 °C Ober- und Unterhitze vorheizen. Die Eier trennen, das Eiweiß steif schlagen. Das Eigelb mit Margarine und Zucker schaumig schlagen. Beide Mehlsorten mit dem Backpulver vermengen und mit der Vollmilch unter die Eiermasse rühren. Zuletzt den Eischnee vorsichtig unterheben, damit der Teig nicht zusammenfällt.
Eine Kranzform fetten und mit Mehl ausstäuben. Den Kuchen 40 Minuten backen. Wenn der *bolo* fertig ist, noch lauwarm mit Puderzucker und Vanillezucker bestauben und nach Belieben garnieren.

Yummy!

Kiselo mlyako

Bulgarien

Lecker und frisch, beinahe schon durstlöschend. Man bekommt beim Genießen Lust, im Haus umherzugehen. Das Knarren des Parketts, der Duft frischer Wäsche. Es gibt kein besseres Frühstück, wenn sich allmählich der Sommer nähert.

Zutaten

500 g fettarmer Joghurt
getrocknete Früchte
Akazienhonig
Mandelkerne
Walnusskerne

Für 4 Personen
Zubereitung: 10 Minuten
Wartezeit: 4–8 Stunden
Backzeit: 15 Minuten

Zubereitung

Einen großen Topf bereitstellen. Ein Sieb doppelt mit Gaze auslegen und in den Topf hängen. Nun den Joghurt in das Sieb geben, die Enden zu einem Bündel zusammennehmen und 4–8 Stunden abtropfen lassen. Je länger man wartet, desto kompakter wird der Joghurt. Im Topf sammelt sich die säuerliche Molke, während der Joghurt in der Gaze verbleibt. Nun kann man ihn genießen, wie man ihn am liebsten mag. Wir haben zum Garnieren eine Mischung aus getrockneten Früchten und Akazienhonig gewählt. Um die Mandeln zu rösten, ein Backblech mit Alufolie belegen und die Mandelkerne gleichmäßig darauf verteilen. Den Backofen auf 180 °C Ober- und Unterhitze vorheizen und die Mandelkerne für etwa 15 Minuten hineingeben. Während des Backens immer wieder wenden, anschließend herausnehmen und abkühlen lassen. Die gerösteten Mandelkerne mit Walnusskernen und Honig mischen und zusammen mit dem hausgemachten Joghurt knabbern.

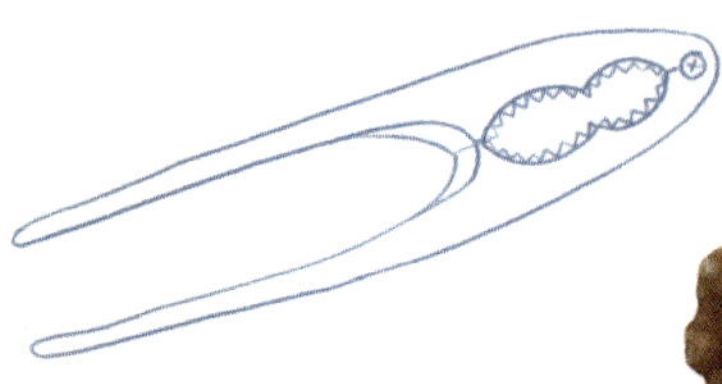

ENJOY
THE
LITTLE
THINGS

Mian tiao tang

China

Zwischenstopp an einem der kleinen Kioske, wo jemand den ganzen Tag lang Nudeln rührt. Ein tolles Frühstück, das man auch unterwegs zu sich nehmen kann.

Zutaten

500 ml Brühe
4 große Blätter Pak Choi
10 Blätter Spinat
100 g chinesische Nudeln aus Weizenmehl
50 g Tofu, gewürfelt
einige Schnittlauchröllchen
1 Schalotte, fein gewürfelt
Salz
1 TL dunkler chinesischer Essig
etwas frischer Koriander oder Bärlauch nach Belieben
1 Chilischote, fein gehackt

Für 2 Personen
Zubereitung: 15 Minuten
Kochzeit: 15 Minuten

Zubereitung

Die Brühe in einem Topf erhitzen, in den alle Zutaten hineinpassen. Den Pak Choi putzen und in schmale Streifen schneiden. Zusammen mit den Spinatblättern zur Brühe geben und köcheln lassen, bis das Gemüse weich ist. Die Nudeln hinzufügen und weiterkochen, bis sie halb gar sind. Den Tofu, die Schnittlauchröllchen und die Schalotte zufügen, mit Salz abschmecken, 1 weitere Minute köcheln lassen und den Herd ausschalten.

Die Suppe auf zwei Schüsseln verteilen, den Essig hinzufügen und nach Belieben mit etwas Koriander oder Bärlauch und gehackter Chilischote garnieren.

Wer es herzhafter mag, kann statt Tofu auch Schweinehack verwenden; man gibt es mit dem Pak Choi und dem Spinat in die Brühe und fährt dann wie gehabt fort. Wählen Sie die Version, die Ihnen am besten schmeckt, und genießen Sie sie!

Kanelsnegle

Dänemark

Zuckerguss, ein verregneter Tag, an dem man nur kuscheln möchte, ein Spaziergang zwischen kleinen Häusern mit bunten Fassaden und die Kühle des dänischen Morgens.

Zutaten

25 g frische Hefe
250 ml Vollmilch
2 EL Sonnenblumen- oder anderes Kernöl
1 EL Zucker
1 TL Salz
3 EL gemahlener Zimt
400 g Weizenmehl Type 405
75 g brauner Rohrzucker
75 g weiche Butter

Für 10–12 Stück
Zubereitung: 45 Minuten
Wartezeit: 1 Stunde 30 Minuten
Backzeit: 12–15 Minuten

Zubereitung

Die Hefe in der leicht erwärmten Milch auflösen. Anschließend Öl, Zucker, Salz und 1 EL Zimt unterrühren. Nach und nach das Mehl unterkneten, bis ein kompakter, glatter Teig entsteht. Diesen in eine leicht geölte Schüssel geben und abgedeckt an einem warmen Ort etwa 1 Stunde gehen lassen, bis sich das Volumen verdoppelt hat.
In einer kleineren Schüssel den restlichen Zimt mit dem Rohrzucker und der Butter vermischen. Wenn der Teig fertig aufgegangen ist, diesen zu einem 40 × 50 cm großen Rechteck ausrollen und mithilfe eines Teigspatels mit der Butter-Zimt-Mischung bestreichen. Aufrollen und in zehn bis zwölf Scheiben schneiden. Diese auf ein mit Backpapier belegtes Backblech legen und abgedeckt weitere 30 Minuten gehen lassen. Den Backofen auf 220 °C Ober- und Unterhitze vorheizen und die Zimtschnecken darin 12–15 Minuten backen. Herausnehmen und abkühlen lassen. Nach Belieben mit Zuckerguss überziehen.

KAKAO

Pumpernickel

Deutschland

Ein mühsamer Morgen, man weiß bereits, dass viel zu tun ist. Heute braucht es Energie und etwas Deftiges. Ah, die Eier sehen verlockend aus. Diesen langen Tag beginnt man mit einem Lächeln.

Zutaten

500 g Roggenmehl
250 g Vollkornmehl
45 g Weizenkeime
150 g Bulgur
2 TL Salz
2 EL Melasse
1 EL Olivenöl

Für 2 Brote
Zubereitung: 20 Minuten
Wartezeit: 48 Stunden
Backzeit: 4 Stunden 40 Minuten

Zubereitung

Das Mehl mit den Weizenkeimen, dem Bulgur und dem Salz vermischen. Die Melasse in 950 ml lauwarmen Wasser auflösen und das Olivenöl unterrühren. Zu den trockenen Zutaten geben und zu einem kompakten Teig verkneten. Diesen in zwei geölte kleine Kastenbrotformen verteilen. Mit ebenfalls leicht geölter Frischhaltefolie abdecken. Die Formen für 48 Stunden an einen trockenen Ort stellen.

Die Folie abnehmen und stattdessen ein Stück Alufolie auflegen. Den Backofen auf 110 °C Ober- und Unterhitze vorheizen und auf der untersten Schiene ein tiefes Backblech einschieben. Dieses zu drei Vierteln mit Wasser füllen. Dadurch erhält das Brot genügend Feuchtigkeit. Die Brote auf der mittleren Schiene 4 Stunden backen. Die Alufolie entfernen und weitere 40 Minuten backen, dabei die Temperatur auf 160 °C erhöhen. Herausnehmen und vollständig auskühlen lassen. Dann in einen Gefrierbeutel geben und 24 Stunden ruhen lassen.

Servieren Sie das Brot in Scheiben geschnitten mit Butter, Käse oder warmen Würstchen. Als Beilage kann man auch ein Spiegelei reichen. Guten Appetit!

SPIEGELEI
Ei in reichlich Fett in einer Pfanne braten.
Salz
PFEFFER

Mangú

Dominikanische Republik

Wenn die Sinne für ein neues Abenteuer bereit sind, muss man ihnen folgen. In dieser exotisch anmutenden Morgendämmerung wird Ihnen klar, dass Sie unbedingt wieder einmal verreisen müssen.

Zutaten

4 grüne Kochbananen
1½ TL Salz
25 g Butter
1 große rote Zwiebel
2 EL Olivenöl

Für 4 Personen
Zubereitung: 20 Minuten
Kochzeit: etwa 30 Minuten

Zubereitung

Die Kochbananen schälen und in acht Stücke schneiden: zunächst der Länge nach vierteln, dann quer halbieren. Mit dem Salz in 500 ml kochendes Wasser geben und darin weich kochen (die Zeit hängt davon ab, wie grün die Bananen sind). Herausnehmen und mit der Gabel zerdrücken. Etwas kaltes Wasser und Butter untermengen und mit der Gabel weiterdrücken, bis eine homogene Masse entsteht.
Die Zwiebel in Ringe schneiden und diese in einer Pfanne im Olivenöl anschwitzen. Zum Servieren das Bananenpüree nach Belieben anrichten und mit Zwiebeln garnieren. Heiß servieren, dazu gebratene Eier, gebratenen Käse und getoastetes Brot reichen.

Bolón de verde

Ecuador

Exotische Düfte aller Art, die einen an Wälder voller Mangroven, Platanen und rosa Flamingos erinnern.

Zutaten

2 große Kochbananen
Salz
1 TL fein gehackte Chilischote
200 g Käse, gewürfelt
200 g Bauchspeck, gewürfelt
Sonnenblumenöl oder anderes Kernöl zum Frittieren

Für 2–3 Personen
Zubereitung: 25 Minuten
Wartezeit: 2 Stunden
Kochzeit: 30 Minuten

Zubereitung

Die Enden der Bananen abschneiden und die Schale längs einschneiden. Die Bananen quer halbieren, in Salzwasser legen und darin etwa 30 Minuten kochen. Die Schale sollte sich dann fast von selbst gelöst haben, diese abziehen und das Fruchtfleisch pürieren. Ist die Masse zu fest, etwas Kochwasser zugeben. Chili und 1 Prise Salz hinzufügen und im Kühlschrank 2 Stunden ruhen lassen.

Zu kleinen Bällchen formen, dabei je ein kleines Stück Käse und Bauchspeck in die Mitte drücken. Die Bällchen im heißen Öl goldgelb frittieren und auf Küchenpapier abtropfen lassen. Dazu passen Spiegeleier und gut gekühlter Saft aus exotischen Früchten.

Buenos!

English muffins

England

Der typische Duft von Bergamotten steigt auf, während der Löffel in der Tasse Earl Grey klingt. Ein köstlicher Gutenmorgengruß kommt von den english muffins *mit pochierten Eiern.*

Zutaten

Für die Muffins:
300 ml Vollmilch
7 g Trockenhefe
25 g brauner Rohrzucker
50 g weiche Butter oder Margarine
425 g Weizenmehl Type 405
1 TL Salz
etwas Speisestärke
Öl zum Ausbacken

Für ein pochiertes Ei:
1 EL Weinessig
1 Prise Salz
1 Ei (M)

Für 8–10 Stück
Zubereitung: 45 Minuten
Wartezeit: 1 Stunde 35 Minuten

Zubereitung

Für die Muffins:
Die Milch leicht erwärmen, vom Herd nehmen, Hefe und Zucker unterrühren und 5 Minuten ruhen lassen. Die Butter oder Margarine, die Hefemilch, das Mehl und das Salz zu einem glatten, kompakten Teig verkneten. Diesen mit Frischhaltefolie abdecken und an einem warmen Ort mindestens 1 Stunde gehen lassen, bis sich das Volumen verdoppelt hat. Dann 2 cm dick ausrollen. Mit einem Ausstecher Kreise mit 5–8 cm Durchmesser ausstechen. Auf ein mit Backpapier belegtes Backblech legen, mit etwas Stärke bestreuen, mit einem Küchentuch abdecken und 30 Minuten gehen lassen. Anschließend eine Pfanne gut erhitzen, etwas Öl hineingeben und die Muffins darin bei mittlerer Temperatur von jeder Seite 7–8 Minuten backen. Fertige Muffins können halbiert und im Toaster oder in der Pfanne geröstet werden.

Für ein pochiertes Ei:
1 l Wasser mit dem Weinessig und dem Salz in einem Topf zum Kochen bringen. Mit einem Löffel darin rühren, sodass ein Strudel entsteht. Das Ei in eine kleine Schüssel aufschlagen, dann vorsichtig in die Mitte des Strudels gleiten lassen. Die Temperatur reduzieren, mit dem Löffel weiterrühren, damit der Strudel bestehen bleibt, und 2 Minuten kochen lassen. Das Ei mit einem Schaumlöffel herausheben und auf einem *english muffin* anrichten.

Pain au chocolat

Frankreich

Der Eiffelturm in der Ferne, der Duft frisch aufgebrühten Kaffees in der Nase und ein pain au chocolat *in der Hand. In Paris beginnt ein neuer Tag.*

Zutaten

300 g weiche Butter
500 g Weizenmehl Type 405
125 ml Vollmilch
50 g Zucker
2 Eier (M)
20 g frische Hefe
Mark von ½ Vanilleschote
10 g Salz
100 g Zartbitterschokolade, in acht Stücke geteilt

Für 8 Stück
Zubereitung: 1 Stunde
Wartezeit: 25 Stunden 30 Minuten
Backzeit: 15 Minuten

Zubereitung

Für den Teig 50 g Butter mit dem Mehl, der Milch, 125 ml Wasser, dem Zucker, einem Ei, der Hefe und dem Vanillemark verkneten. Wenn ein fester Teig entstanden ist, das Salz zufügen und weiterkneten, bis der Teig glatt und kompakt ist. Abgedeckt für 24 Stunden in den Kühlschrank stellen.
Am nächsten Tag die restlichen 250 g Butter mit der Teigrolle etwas flacher ausrollen. Den Teig auf die doppelte Größe ausrollen und die Butter in die Mitte geben. Die Teigränder nach innen klappen und gut verschließen. Den Teig ausrollen, dabei hin und wieder im Uhrzeigersinn drehen. In Frischhaltefolie gewickelt 30 Minuten kalt stellen (dieser Vorgang wird dreimal wiederholt).
Den Backofen auf 180 °C Ober- und Unterhitze vorheizen. Den Teig erneut ausrollen, in vier Rechtecke und in acht Quadrate teilen. In das Innere jedes Quadrats ein Stück Schokolade legen und den Teig darüber zusammenrollen, die Enden festdrücken. Das restliche Ei verquirlen und damit die *pains au chocolat* bestreichen. Im Ofen 15 Minuten backen.

Bonjour

Appeltaart

Holland

Betörender Zimtduft breitet sich während des Backens aus: Dieser Kuchen versetzt einen direkt in das Land der Windmühlen und blühenden Tulpen.

Zutaten

300 g Weizenmehl Type 405
100 g Zucker
1 Ei (M)
200 g kalte Butter, in Würfel geschnitten
1 Prise Salz
Mark von 1 Vanilleschote
1 kg Äpfel (Renette)
100 g Rosinen
2 EL gemahlener Zimt
Saft von ½ Zitrone
50 g brauner Rohrzucker
3 EL Reis- oder Maisstärke

Für 10–12 Stücke
Zubereitung: 45 Minuten
Wartezeit: 1 Stunde
Backzeit: 1 Stunde 20 Minuten

Zubereitung

Das Mehl und den Zucker in einer Schüssel mischen. Das Ei verquirlen und drei Viertel davon unter die Mehl-Zucker-Mischung rühren. Butter, Salz und Vanillemark zugeben und alles zu einem kompakten Teig verkneten. Mit Frischhaltefolie bedeckt 45 Minuten kalt stellen. Die Äpfel schälen, halbieren, entkernen und würfeln. Mit den Rosinen, dem Zimt, dem Zitronensaft, dem Rohrzucker und der Hälfte der Stärke vermengen und 15 Minuten durchziehen lassen, dabei ab und zu umrühren.

Den Backofen auf 180 °C Ober- und Unterhitze vorheizen. Eine Springform mit 22 cm Durchmesser fetten, etwa drei Viertel des Teiges in die Form drücken, sodass ein Boden entsteht. An den Rändern hochziehen. Die restliche Stärke auf dem Boden verteilen und die Füllung möglichst ohne Flüssigkeit daraufgeben. Den restlichen Teig ausrollen und in 1 cm breite Streifen schneiden. Diese als Gitter auf den Kuchen legen. Mit dem restlichen Ei bestreichen und im Ofen 1 Stunde 20 Minuten backen. Den Kuchen lauwarm oder kalt genießen, dazu Eis oder geschlagene Sahne servieren.

love

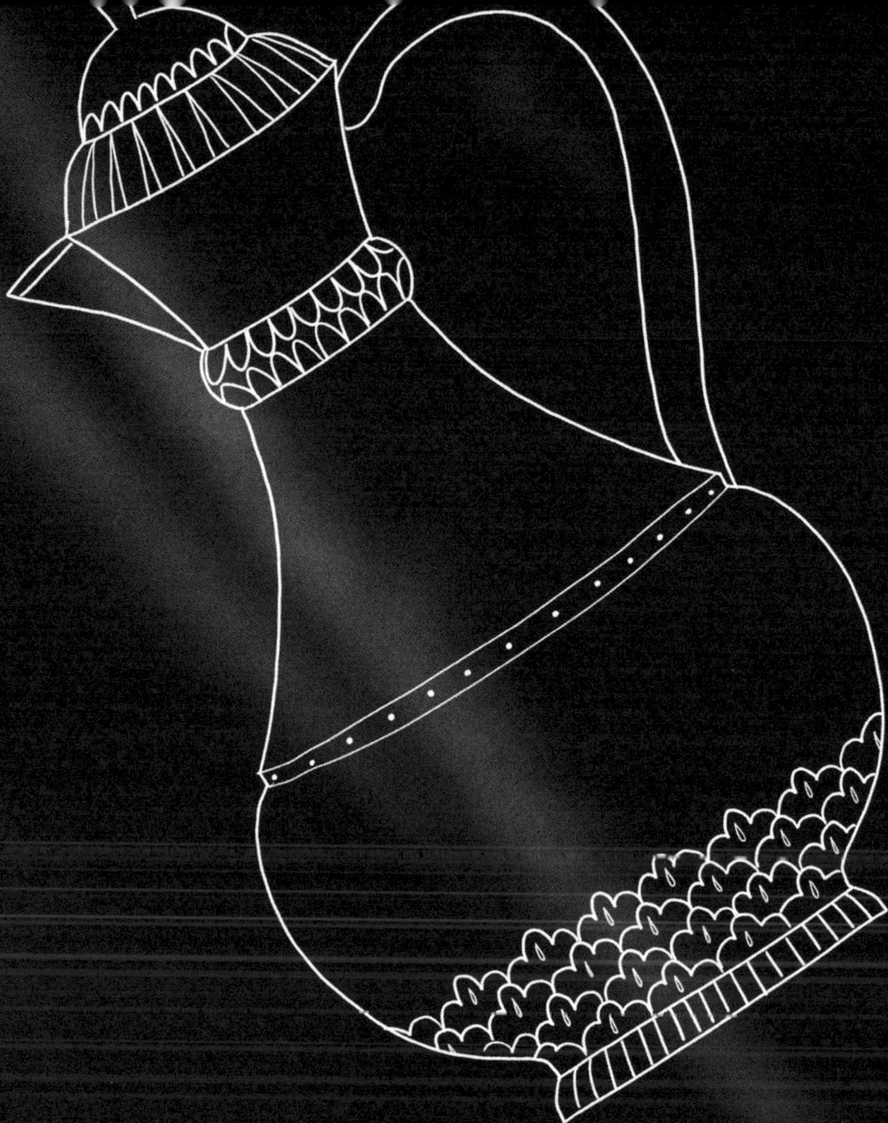

Masala chai

Indien

Teezeit ist immer, vor allem, wenn einen die Gewürze des Tees in ferne Länder bringen, ohne dass man tatsächliche Grenzen überqueren muss.

Zutaten

4 Kardamomkapseln
1 TL gemahlener Zimt
4 gemahlene Gewürznelken
1 TL gemahlener Ingwer
60 ml Vollmilch
20 g indischer schwarzer Tee (Assam)

Für 2–3 Personen
Zubereitung: 10 Minuten
Kochzeit: 10 Minuten

Zubereitung

Als Erstes bereitet man die Gewürzmischung *(karha)* zu. Dazu die Kardamomkapseln zerkleinern und mit Zimt, Gewürznelken und Ingwer mischen.
500 ml Wasser und die Milch in einem Topf zum Kochen bringen. Den Tee und die Gewürzmischung zugeben und 10 Minuten köcheln lassen. Vom Herd nehmen und filtern. Masala chai kann man ohne Zucker trinken oder mit Rohrzucker süßen.

Moraba-ye haveej

Iran

Der überwältigende Duft der Gewürze gibt diesem Gericht etwas Unwiderstehliches. Es ist wie ein Spaziergang über ein Kardamomfeld!

Zutaten

700 g Karotten
6–8 Kardamomkapseln
500 g Zucker
Saft und Abrieb von 2 unbehandelten Orangen
1 EL Rosenwasser (erhältlich in der Apotheke)
Saft von 1 Zitrone

Für 2 Gläser à 500 g
Zubereitung: 25 Minuten
Kochzeit: 25 Minuten

Zubereitung

Die Karotten schälen und grob raspeln. Die Kardamomkapseln leicht andrücken, ohne dass die Samen herausspringen. Den Zucker in einem breiten Topf mit dem Orangenabrieb und den Kardamomkapseln in 500 ml Wasser auflösen. Unter häufigem Rühren etwa 5 Minuten köcheln lassen. Die Mischung in weiteren 5 Minuten sirupartig einkochen lassen. Die Karotten zugeben, erneut zum Kochen bringen, die Temperatur reduzieren und etwa 15 Minuten köcheln lassen. Wenn die Karotten weich sind, Rosenwasser, Orangen- und Zitronensaft zugeben. Weitere 2 Minuten köcheln lassen. Vom Herd nehmen und den Kardamom entsorgen.
Die Gläser mit heißem Wasser reinigen und mit der Paste füllen. Wenn Sie es würziger mögen, fügen Sie beim Kochen eine Zimtstange hinzu und entfernen diese später zusammen mit den Kardamomkapseln. Mit Brot und indischem Käse *(paneer)* servieren. Was für ein Aroma entfaltet sich, wenn die Süße des Aufstrichs auf den herzhaften Geschmack von Brot und Käse trifft! Dazu passt eine schöne Tasse Tee.

Hafragrautur

Island

Nahrhaft und ausgewogen. So ist man am besten gerüstet für die kalten, langen isländischen Tage zwischen Geysiren und Papageientauchern im Land des Eises.

Zutaten

600 ml Vollmilch
300 g Haferflocken
1 Prise Salz
60 g brauner Rohrzucker
1 TL gemahlener Zimt
1 TL Vanilleextrakt
etwas Ahornsirup zum Servieren

Für 4 Personen
Zubereitung: 10 Minuten
Wartezeit: 2 Minuten

Zubereitung

Die Milch leicht aufkochen lassen, Haferflocken und Salz zufügen und unter Rühren 5 Minuten köcheln lassen. Vom Herd nehmen, den Rohrzucker, den Zimt und den Vanilleextrakt unterrühren. Mit einem Küchentuch bedecken und 2 Minuten ruhen lassen.
Den isländischen Porridge in einer hübschen Schale servieren, mit Ahornsirup beträufeln und mit Zimt bestreuen. Nach Belieben kann man auch frisches Obst oder ein paar Mandelkerne dazugeben.

brrr
IT'S COLD OUTSIDE

Brioches

Italien

Frühstück zu Hause oder im Café? Sie denken an köstliche Brioches? Diese können in Italien einfache Hefebrötchen sein, wie man sie in Frankreich kennt. Unter dem Namen bekommt man aber auch süße Hörnchen und gefüllte Teilchen (wie hier). Mmh, lecker!

Zutaten

500 g Weizenmehl Type 405
500 ml Vollmilch
20 g frische Hefe
2 Eier (M) plus 3 Eigelb
150 g Zucker
35 g Honig
125 g weiche Butter
Abrieb von 1 unbehandelten Orange
Mark von 1 Vanilleschote
10 g Salz
1 Pck. Vanillepuddingpulver
gemischte Beeren nach Belieben

Für 12 Stück
Zubereitung: 30 Minuten
Wartezeit: 28 Stunden
Back-/Kochzeit: 15 Minuten + 15–20 Minuten

Zubereitung

150 g Mehl mit 100 ml Milch und der Hefe vermischen, mit Frischhaltefolie bedeckt 2 Stunden beiseitestellen. Mit dem restlichen Mehl, einem Ei, dem Eigelb, 100 g Zucker und dem Honig zu einem glatten Teig verkneten. Nach und nach die Butter unterkneten. Zuletzt den Orangenabrieb, das Vanillemark und das Salz zufügen. Weiterkneten, bis ein weicher Teig entsteht. Mit Frischhaltefolie bedeckt 24 Stunden gehen lassen. Daraus Kugeln (à 40–50 g) formen, abdecken und weitere 2 Stunden gehen lassen. Den Backofen auf 180 °C Ober- und Unterhitze vorheizen. Einen Pudding aus der restlichen Milch, dem restlichen Zucker und dem Puddingpulver nach Packungsanleitung kochen. Die Teigkugeln auf einem Backblech flach drücken, eine Vertiefung in die Mitte drücken und den Pudding hineingeben, nach Belieben mit Beeren belegen. Das restliche Ei verquirlen und damit die Brioches bestreichen. Im Ofen 15 Minuten backen, herausholen und abkühlen lassen.

DAMIT DER TAG GUT BEGINNT, BRAUCHT MAN NUR EINEN CAPPUCCINO, EINE BRIOCHE UND EIN LÄCHELN!
ciao!

Misoshiru

Japan

Fernöstliche Düfte, die das Zimmer erfüllen, eine heiße, stärkende Suppe, und beim Genießen stellt man sich vor, dass man einen Kimono trägt und zwischen blühenden Kirschbäumen dahinspaziert.

Zutaten

2 Karotten
1 Daikon-Rettich
(erhältlich im Asialaden)
30 g frischer Ingwer
1 Stange Lauch
1 Blatt Wakame-Alge
(erhältlich im Asialaden)
50 g Miso-Pulver
(erhältlich im Asialaden)
200 g Tofu

Für 5–6 Personen
Zubereitung: 20 Minuten
Kochzeit: 25 Minuten

Zubereitung

Karotten, Rettich, Ingwer und Lauch putzen, nach Bedarf schälen und in kleine Stücke schneiden. Die Wakame-Alge in etwas kaltem Wasser einweichen und in feine Streifen schneiden. Alles in eine tiefe Pfanne geben, zwei Finger hoch heißes Wasser angießen und 20 Minuten köcheln lassen. Einige Löffel vom Sud abnehmen und darin das Miso-Pulver auflösen. Mit weiteren 500 ml Wasser zum Gemüse geben. Weitere 5 Minuten kochen.
Direkt vor dem Servieren den Tofu fein würfeln und zugeben. Man kann zu der Suppe eine kleine Schüssel Basmatireis servieren, der auf fernöstliche Art gekocht wurde.

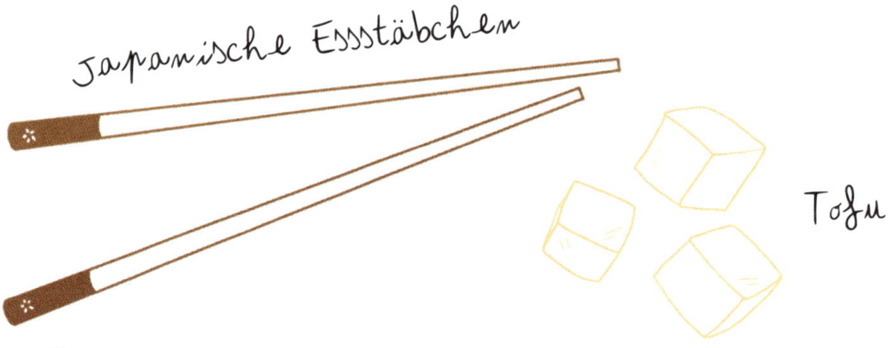

Pumpkin pies

Kanada

Süß, tröstlich und wärmend wie eine Umarmung. So beginnt der Tag geruhsam, und man hat die Zeit, sich noch einmal genüsslich zu strecken. Es ist ein milder Sonntag im Herbst.

Zutaten

150 g Zucker
1 Ei (M)
150 g Butter
Abrieb von ½ unbehandelten Zitrone
300 g Weizenmehl Type 405
750 g Kürbisfleisch, gekocht und püriert
75 g brauner Rohrzucker
Mark von ½ Vanilleschote
etwas gemahlener Zimt
1 Prise frisch geriebene Muskatnuss
einige Gewürznelken zum Garnieren

Für 8 Stück
Zubereitung: 30 Minuten
Wartezeit: 30 Minuten
Backzeit: 30–40 Minuten

Zubereitung

Den Zucker und das Ei in einer Schüssel verrühren, dann die Butter in Würfeln und den Zitronenabrieb zugeben. Zuletzt das Mehl kurz unterkneten, sodass ein kompakter Teig entsteht. In Frischhaltefolie gewickelt 30 Minuten im Kühlschrank ruhen lassen. Den Backofen auf 180 °C Ober- und Unterhitze vorheizen.
Das Kürbisfleisch mit dem Rohrzucker, dem Vanillemark, dem Zimt und der Muskatnuss zu einer homogenen Creme vermischen. Den Teig aus dem Kühlschrank nehmen und 5 mm dünn ausrollen. Kleine Förmchen buttern. Mit einem Ausstecher oder einem Glas entsprechend große Kreise aus dem Teig ausstechen. Die Förmchen damit auslegen, dabei die Ränder etwas hochziehen. Mit der Kürbiscreme füllen und im Ofen 30–40 Minuten backen.
Nach Belieben mit einigen Gewürznelken garnieren oder, wenn man besonders großen Appetit hat, einen Tupfer Schlagsahne daraufgeben.

pumpkin

Kimchi

Korea

Legen Sie die Weltkarte vor sich hin, schließen Sie die Augen und tippen mit dem Zeigefinger auf einen Punkt. Siehe da ... es ist Korea! Heute wird ein feuriger Tag! Ein Abenteuer der Gewürze mit Sojasauce, Chili und einem Hauch Ingwer.

Zutaten

2 Pak Choi
65 g Salz
500 g Karotten
2 EL Sojasauce
3 EL Sardellenpaste
2 EL Chilipaste (Sambal oelek)
50–100 g Chilipulver
30 g Knoblauch, fein gehackt
1 Schalotte, fein gehackt
30 g frischer Ingwer, gerieben

Für 4–6 Personen
Zubereitung: 15 Minuten
Wartezeit: 3–7 Tage

Zubereitung

Den Pak Choi putzen und in 3–4 cm große Stücke schneiden, in eine große Schüssel geben, salzen und mit den Händen durchkneten. Den Pak Choi mit Wasser bedecken und mit einem Teller beschweren, sodass der Kohl ganz unter der Wasseroberfläche bleibt. Über Nacht ziehen lassen.
Am nächsten Tag das Wasser abgießen. Die Karotten schälen und in dünne Streifen schneiden. In einer größeren Schüssel zusammen mit Sojasauce, Sardellen- und Chilipaste, Chilipulver (die Menge hängt davon ab, wie scharf Sie es mögen), Knoblauch, Schalotte und Ingwer vermengen. Schließlich den Kohl zugeben und mit den Händen untermischen.
Ein oder zwei sterilisierte Gläser (je nach Größe) damit füllen und den Deckel nur leicht auflegen. Die Mischung beginnt schnell zu fermentieren. An einem kühlen Ort 2–6 Tage stehen lassen, bis der gewünschte Säuregrad erreicht ist. Ab und zu kosten und genießen, wenn der *kimchi* Ihnen am besten schmeckt. Bis zu vier Wochen im Kühlschrank aufbewahren.

Confiture

Korsika

Kühl wie die Wellen, die sich am Bug eines Schiffes brechen, und schnörkellos wie die wilde Landschaft ringsum. Erdbeeren spielen die Hauptrolle in diesem Frühstück, das zwischen Frankreich und Italien beheimatet ist.

Zutaten

500 g reife Erdbeeren
200 g Zucker
1 EL Zitronensaft
einige Scheiben Brot
etwas Butter nach Belieben

Für 4 Personen
Zubereitung: 10 Minuten
Kochzeit: 30 Minuten

Zubereitung

Die Erdbeeren waschen, putzen und halbieren. Mit Zucker und Zitronensaft in einem Topf unter Rühren zum Kochen bringen. Den Deckel auflegen und das Ganze bei mittlerer Temperatur ohne Rühren 30 Minuten köcheln lassen. Vom Herd nehmen, abkühlen lassen.
Das Brot toasten. Man kann die Konfitüre direkt aufs Brot geben oder dieses zuerst mit etwas Butter bestreichen.

made with

Panecillo

Kuba

Der heimelige Duft von Zimt, kombiniert mit einer salzigen Note, versetzt einen direkt in die typischen casas particulares.

Zutaten

1 EL Trockenhefe
3 EL Zucker
500 g Weizenmehl Type 405
75 g Butter, gewürfelt
1 TL Salz
250 ml Vollmilch
1 Ei (M), verquirlt

Für 14 Stück
Zubereitung: 20 Minuten
Wartezeit: 1 Stunde 10 Minuten
Backzeit: 15 Minuten

Zubereitung

Die Hefe in 3 EL lauwarmen Wasser auflösen und den Zucker zugeben. Die Mischung mit Mehl, Butter in Würfeln, Salz und Milch zu einem glatten Teig verkneten. In eine leicht geölte Schüssel geben und abgedeckt an einem warmen Ort 1 Stunde gehen lassen.

Den Teig auf eine bemehlte Arbeitsfläche legen und in 14 Kugeln teilen. Die Brötchen auf ein gefettetes Backblech setzen und oben kreuzförmig einschneiden. Mit etwas Ei bestreichen und weitere 10 Minuten gehen lassen. Den Backofen auf 180 °C Ober- und Unterhitze vorheizen und die Brötchen darin etwa 15 Minuten backen.

Man serviert sie mit einigen Scheiben gekochtem Schinken, dazu eine schöne Zimtmilch; so sieht ein typisch kubanisches Frühstück aus.

Rupjmaize

Lettland

Knusprig und duftend, dunkel wie die Nächte in Riga. Die knusprige Kruste verbirgt einen überraschend weichen Kern.

Zutaten

470 g Weizenmehl Type 405
100 g Roggenmehl
1 TL Trockenhefe
2 EL Gerstenmalz
10 g Salz
2 EL Kümmel

Für 1 Brot
Zubereitung: 45 Minuten
Wartezeit: 5 Stunden 20 Minuten
Backzeit: 40–45 Minuten

Zubereitung

Für den Vorteig 120 g Weizenmehl, das Roggenmehl, ½ TL Hefe, 360 ml zimmerwarmes Wasser und das Malz zu einem Teig verkneten. Die restlichen Zutaten vermengen und unter den Vorteig heben, mit Frischhaltefolie bedecken und 2 Stunden gehen lassen.

Anschließend gründlich durchkneten. Weitere 20 Minuten gehen lassen und erneut 5 Minuten durchkneten. 1 weitere Stunde gehen lassen, durchkneten, den Vorgang nochmals wiederholen und schließlich den Teig zu einem breiten Brotlaib formen. Zuletzt abgedeckt 1 Stunde gehen lassen, währenddessen den Backofen auf 200 °C Ober- und Unterhitze vorheizen.

Das Brot mehrmals einschneiden und 40–45 Minuten backen. Mit Schinken, gesalzener Butter und lettischem Kümmelkäse *(kimenu siers)* servieren.

Labneh

Libanon

Süß oder salzig? Ein köstlicher Frischkäse, der zu pikanten wie süßen Begleitern passt, Konfitüren oder Trockenfrüchte. Entdecken Sie heute Morgen alle seine Nuancen.

Zutaten

500 g Naturjoghurt
½ TL Salz
etwas Olivenöl
Kräuter nach Geschmack

Für 3–4 Personen
Zubereitung: 5 Minuten
Wartezeit: 12–48 Stunden

Zubereitung

Einen großen Topf bereitstellen. Ein Sieb doppelt mit Gaze auslegen und in den Topf hängen. Den Joghurt mit dem Salz mischen, auf die Gaze geben und die Enden zusammendrehen, sodass der Joghurt bedeckt ist. Mindestens 12 Stunden abtropfen lassen (je nach gewünschter Konsistenz; wer es kompakter mag, bis zu 48 Stunden). Der Joghurt gibt dabei seine Flüssigkeit ab und verwandelt sich in einen köstlichen Frischkäse.

Mit Olivenöl und frischen Kräutern (wie Thymian oder Minze) servieren – oder mit *zatar* bestreut, einer orientalischen Gewürzmischung. Dazu passen arabisches Fladenbrot, Tomaten, Gurken und Oliven. Man kann aus dem Käse auch kleine Bällchen formen und diese in Olivenöl einlegen. Dabei Kräuter nach Geschmack mit ins Glas geben. So ist der Käse kühl aufbewahrt mehrere Monate haltbar.

Msemmen

Marokko

Es ist früh am Morgen und draußen wird es schon heiß. Wenn man nicht schlafen kann, ist es eine schöne Ablenkung, msemmen *für die ganze Familie zuzubereiten. Man kann es zu einem Pfefferminztee genießen, der die Lebensgeister weckt.*

Zutaten

250 g Weizenmehl Type 405
250 g Weizengrieß plus etwas mehr
1 Prise Salz
150 g Butter
75 ml Öl plus etwas mehr

Für 6 Stück
Zubereitung: 45 Minuten
Wartezeit: 15 Minuten

Zubereitung

Das Mehl mit dem Grieß vermischen und eine Mulde hineindrücken. Das Salz und 250 ml lauwarmes Wasser in die Mulde geben. Nach und nach das Mehl vom Rand untermengen und so zu einem Teig verkneten. Diesen durchkneten, bis er glatt und kompakt ist. Die Hände mit etwas Öl benetzen, den Teig in sechs Portionen teilen und zu Kugeln formen. Diese ebenfalls mit Öl benetzen, mit Frischhaltefolie abdecken und 15 Minuten ruhen lassen.

Die Butter zerlassen und mit dem Öl vermischen. Eine Teigkugel auf der Arbeitsfläche zu einem dünnen Fladen ausbreiten, mit der Öl-Butter bestreichen, mit Grieß bestreuen und die Ecken nach innen klappen, sodass ein Quadrat entsteht. Die Hände mit etwas Öl-Butter benetzen und das Teigstück noch etwas flacher drücken.

Etwas Öl in einer Pfanne erhitzen und den Fladen darin auf beiden Seiten in einigen Minuten goldgelb braten. Die anderen Teigstücke ebenso zubereiten. Die *msemmen* heiß servieren, dazu Butter, Konfitüre und Honig und einen guten Pfefferminztee reichen.

Strudel

Österreich

Eine Symphonie aus Aromen und Düften, die sich bei jedem Biss entfalten. Eine typische Süßspeise, um sie auf der Terrasse mit Blick auf die Tiroler Alpen zu genießen.

Zutaten

Für den Teig:
150 g Weizenmehl Type 405
15 ml Sonnenblumenöl
1 Msp. Salz

Für die Füllung:
800 g Äpfel (Renette)
Saft und Abrieb von
1 unbehandelten Zitrone
25 g Butter
50 g Paniermehl
30 g Pinienkerne
50 g Rosinen
70 g brauner Rohrzucker
etwas gemahlener Zimt
etwas Milch zum Bestreichen
etwas Puderzucker

Für 6–8 Personen
Zubereitung: 40 Minuten
Wartezeit: 30 Minuten
Backzeit: 45 Minuten

Zubereitung

Für den Teig:
Alle Zutaten mit 100 ml lauwarmen Wasser mit den Händen zu einem Teig kneten. Wenn dieser nicht mehr klebt, zu einer Kugel formen, mit Öl benetzen und mit Frischhaltefolie bedeckt 30 Minuten ruhen lassen. Inzwischen die Äpfel für die Füllung vorbereiten (siehe unten). Den Teig auf einem bemehlten Holzbrett zu einem möglichst großen und dünnen Rechteck ausrollen. Dabei kann man den Teig auch über den Handrücken vorsichtig ausziehen. Anschließend auf ein sauberes Küchentuch legen. Den Backofen auf 180 °C Ober- und Unterhitze vorheizen.

Für die Füllung:
Die Äpfel schälen, in 3 cm große Stücke schneiden und mit Zitronensaft beträufeln. Die Butter zerlassen. Die längere Seite des Teiges mit Paniermehl bestreuen, dann Äpfel, Pinienkerne, Rosinen, Zucker, Zitronenabrieb, Zimt und geschmolzene Butter daraufgeben. Den Strudel mithilfe des Küchentuchs aufrollen und die Enden zusammendrücken. Den Strudel mit Milch bestreichen, auf ein mit Backpapier belegtes Backblech legen und im Ofen 45 Minuten backen. Vor dem Servieren mit Puderzucker bestauben. Mit Vanillesauce oder einer Kugel Vanilleeis servieren.

Guten
Morgen

Bibingka

Philippinen

Weihnachten beginnt auf den Philippinen mit einem Regen aus Kokos-Konfetti und Reismehl. Diese Törtchen sind im Handumdrehen fertig und bereit, mit einem Lächeln verzehrt zu werden.

Zutaten

200 g Reismehl
1 TL Backpulver
1 TL Salz
3 Eier (M)
150 g brauner Rohrzucker
75 g Butter
300 ml Kokosmilch
3 EL Kokosraspel

Für 8 Stück
Zubereitung: 15 Minuten
Backzeit: 25 Minuten

Zubereitung

Den Backofen auf 180 °C Ober- und Unterhitze vorheizen. Das Reismehl, das Backpulver und das Salz in einer Schüssel vermischen. In einer größeren Schüssel die Eier mit einer Gabel verquirlen. Den Zucker zugeben und gut verrühren. Die Butter in einem kleinen Topf zerlassen und unter Rühren hinzufügen. Die Mehlmischung abwechselnd mit der Kokosmilch unter die Eiermasse rühren, bis alles gut vermengt ist.
Die Masse in die Vertiefungen eines gefetteten Muffinblechs geben und mit Kokosraspeln bestreuen. Im Ofen 25 Minuten backen. Die Törtchen lauwarm servieren und mit etwas geschmolzener Butter bestreichen oder eine Kokos-Sauce dazu reichen.

Mit Kokosraspeln bestreuen.

Pastéis de nata

Portugal

Die Laken sind noch warm und die Umarmungen kommen von Herzen. Jetzt braucht es ein Frühstück im Bett, um auf die schönste Art in den Tag zu starten.

Zutaten

3 Eigelb
50 g Zucker
100 g Sahne
1 Rolle Blätterteig
gemahlener oder Puderzucker zum Garnieren

Für 10 Stück
Zubereitung: 30 Minuten
Backzeit: 20 Minuten

Zubereitung

Etwas Wasser in einem Topf erhitzen. Das Eigelb und den Zucker in einen kleineren Topf geben, auf den großen Topf stellen und mit dem Schneebesen rühren. Die Sahne unter weiterem Rühren nach und nach zugeben. Mit einem Thermometer die Temperatur der Creme prüfen: Sie sollte 80 °C erreichen. Dann abkühlen lassen.
Den Backofen auf 220 °C Ober- und Unterhitze vorheizen. Aus dem Blätterteig zehn Kreise mit einem Durchmesser von etwa 8 cm ausstechen. Diese in die Vertiefungen eines Muffinblechs legen und die Creme hineingießen. Im Ofen 20 Minuten backen. Die *pastéis de nata* serviert man lauwarm, mit etwas Zimt oder Puderzucker bestaubt.

bom dia
meu amor!

Blini

Russland

Einfache und ursprüngliche Zutaten für ein Frühstück mit alten Freunden. Der Frühling kommt verspätet und mit viel Regen. Die Tschapka liegt bereit.

Zutaten

150 g Weizenmehl Type 405
1 EL Trockenhefe
250 ml lauwarme Vollmilch
1 Ei (M)
1 Prise Salz

Für 6 Personen
Zubereitung: 30 Minuten
Wartezeit: 1 Stunde

Zubereitung

Alle Zutaten in einer großen Schüssel miteinander vermengen. Die Schüssel mit Frischhaltefolie bedecken und 1 Stunde gehen lassen.
Eine beschichtete Pfanne erhitzen und mit einem Löffel kleine Portionen Teig hineingeben. Es sollten runde Pfannkuchen entstehen. Wenn der Teig beginnt, an der Oberfläche Blasen zu werfen, ist die erste Seite fertig. Die Blini wenden und auf der anderen Seite fertig backen. In Russland serviert man Blini mit Erdbeerkonfitüre oder mit Zucker und saurer Sahne.

Cranachan

Schottland

Die saure Note der Himbeeren erweckt die Sinne wie der Nordwind bei einem Spaziergang an der schottischen Küste. Man wird verwöhnt von den Sahnewolken, der Süße des Honigs und einer weichen Decke mit Schottenkaro.

Zutaten

100 g Haferflocken
1 EL Zucker
200 g Sahne
150 g griechischer Joghurt
1–2 EL Scotch
200 g Himbeeren
6 TL Honig

Für 6 Personen
Zubereitung: 25 Minuten

Zubereitung

Die Haferflocken zusammen mit dem Zucker in einer beschichteten Pfanne einige Minuten rösten. Die Sahne steif schlagen, den Joghurt und 1 EL Whisky vorsichtig unterrühren.
Nun kann man die Gläser befüllen, beginnend mit einer Schicht Haferflocken, dann einen Großteil der Joghurtsahne und die meisten Himbeeren. Die restlichen Haferflocken und die übrige Joghurtsahne daraufgeben und mit jeweils einer Himbeere und je 1 TL Honig garnieren.
Wer es stärker mag, kann zusätzlich 1 TL Whisky direkt auf die Haferflocken geben und einziehen lassen. Fruchtiger wird es, wenn man die Himbeeren püriert und die ganzen Früchte nur zum Garnieren verwendet. Probieren Sie aus, welche Kombination Ihnen am besten schmeckt!

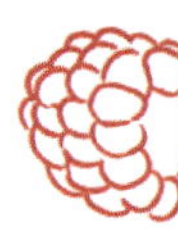

camhanaich
Morgengrauen

Kanelbullar

Schweden

Die letzten herbstlichen Blätter lassen sich auf der Fensterbank nieder und überlassen dem Winter das Feld. Das Holz knistert im Kamin und aus der Küche breitet sich ein süßer Duft aus.

Zutaten

25 g frische Hefe
150 ml lauwarme Vollmilch
85 g weiche Butter
280 g Weizenmehl Type 405
1 Prise Salz
70 g Zucker
etwas gemahlener Zimt
1 Ei (M), verquirlt
Hagelzucker zum Garnieren

Für 15 Stück
Zubereitung: 30 Minuten
Wartezeit: 50 Minuten
Backzeit: 10 Minuten

Zubereitung

Die Hefe in eine Schüssel bröckeln und etwas Milch darübergießen. Die restliche Milch zugeben, 60 g Butter hinzufügen und mit den Händen nach und nach das Mehl einarbeiten. Zuletzt Salz und 50 g Zucker unterkneten. Den Teig etwa 5 Minuten kräftig durchkneten (er soll sich vom Schüsselrand lösen). Mit Frischhaltefolie bedeckt 30 Minuten gehen lassen, bis sich das Volumen verdoppelt hat.
Für die Füllung restliche Butter, restlichen Zucker und etwas Zimt zu einer Creme verrühren. Die Arbeitsfläche bemehlen, den Teig darauf erneut durchkneten und zu einem Rechteck ausrollen. Die Füllung mit einem Spatel daraufstreichen und den Teig von der langen Seite her aufrollen. Die Rolle in 15 Scheiben schneiden und diese auf ein mit Backpapier belegtes Backblech legen. Mit einem Küchentuch bedecken und erneut 20 Minuten gehen lassen.
Mit dem Ei bestreichen und mit Hagelzucker bestreuen. Den Backofen auf 250 °C Ober- und Unterhitze vorheizen. Die Zimtschnecken hineingeben und die Temperatur auf 200 °C reduzieren. Die Schnecken in 10 Minuten goldbraun backen.

Tostadas

Spanien

Dieses typische Gericht steht für Ursprünglichkeit. Es besteht aus einfachen Zutaten mit warmen Farben. Ein Frühstück, das am besten das »feurige« spanische Volk beschreibt. Olé!

Zutaten

2 Strauchtomaten
1 Knoblauchzehe
2 EL Olivenöl extra vergine
etwas Salz
etwas getrockneter Oregano
4 Scheiben Weißbrot
4 Scheiben Serrano-Schinken

Für 4 Personen
Zubereitung: 15 Minuten

Zubereitung

Die Tomaten heiß überbrühen und schälen. Den Knoblauch abziehen. Beides auf einer Reibe zerreiben. Unter das Püree 1 EL Öl, Salz und Oregano nach Belieben rühren. Die Brotscheiben toasten, mit dem restlichen Öl beträufeln, mit der Salsa bestreichen und zum Schluss mit jeweils einer Scheibe Schinken belegen.

LIFE
begins
AFTER
BREAKFAST

Khao neow sangkaya

Thailand

Die Sonnenstrahlen dringen durch das Dickicht des Palmenhains. Der Wind weht Tropfen aus einem unberührten Paradies herüber. Ein exotischer Gutenmorgengruß mit Kokosduft.

Zutaten

Für den Reis:
180 g schwarzer Klebreis (erhältlich im Asialaden)
250 ml Kokosmilch
60 g brauner Rohrzucker
1 Prise Salz

Für die Creme:
375 ml Kokosmilch
80 g brauner Rohrzucker
1 Prise Salz
4 Eier (M)

Für 6 Stück
Zubereitung: 30 Minuten
Wartezeit: 12 Stunden
Kochzeit: 40–50 Minuten

Zubereitung

Für den Reis:
Den Reis in einem Sieb gut abspülen, bis das Wasser klar bleibt. In eine große Schüssel mit Wasser geben und über Nacht einweichen. Morgens das Wasser abgießen, den Reis mit 625 ml Wasser in einen Topf geben, zum Kochen bringen und zugedeckt bei niedriger Temperatur 20 Minuten köcheln lassen. Erneut abgießen. Die Kokosmilch, den Rohrzucker und das Salz in einen Topf geben, gut verrühren und bei mittlerer Temperatur erwärmen, bis sich der Zucker aufgelöst hat. Den Reis zugeben und bei niedriger Temperatur weitere 10–20 Minuten köcheln lassen. Vom Herd nehmen und ruhen lassen.

Für die Creme:
Die Kokosmilch, den Rohrzucker und das Salz in einem Topf unter Rühren erwärmen, bis sich der Zucker aufgelöst hat. Die Eier leicht verquirlen, in die Kokosmilchmischung geben und gut verrühren. Die Mischung in sechs feuerfeste Förmchen geben und in einen Dampfgarer stellen. Etwa 10 Minuten im Dampf garen. Herausnehmen und abkühlen lassen. Zum Servieren zuerst den Reis auf Schalen verteilen und darüber die Creme geben. Nach Belieben mit Kokosraspeln oder Kokosmilch garnieren. Exotisch!

Menemen

Türkei

Der Gesang des Muezzins begleitet den Sonnenaufgang. Die ersten Strahlen fallen auf dieses köstliche Gericht und verleihen ihm eine außerordentliche Ladung Energie.

Zutaten

4 Tomaten
2 rote Paprikaschoten
etwas Öl zum Braten
1 große Zwiebel, fein gehackt
4 Eier (M)
frisch gemahlener schwarzer Pfeffer
1 TL edelsüßes Paprikapulver
Salz
etwas Chilipulver

Für 2 Personen
Zubereitung: 20 Minuten
Kochzeit: 10 Minuten

Zubereitung

Die Tomaten waschen, oben kreuzförmig einritzen und kurz in kochendes Wasser geben. Abgießen, schälen und würfeln. Die Paprikaschoten waschen, halbieren, entkernen und würfeln. Etwas Öl in einer großen Pfanne erhitzen und die Zwiebel darin bei niedriger Temperatur einige Minuten anschwitzen. Die Tomaten- und die Paprikawürfel zufügen und 10 Minuten schmoren.

In der Zwischenzeit die Eier mit 1 Prise Pfeffer und dem Paprikapulver verrühren, mit Salz und Chilipulver abschmecken und ebenfalls in die Pfanne geben. Unter Rühren fertig garen. Mit knusprigem frischem Brot servieren ... Mehr als köstlich!

Krumplis pogácsa

Ungarn

Die ersten Stunden des Wochenendes verlaufen gemächlich. Ein warmes, heimeliges Gefühl macht sich breit, das dem Bedürfnis nach Entspannung entgegenkommt.

Zutaten

600 g Kartoffeln
Salz
1 EL Butterschmalz
450 g Weizenmehl Type 405
1 Ei (M), verquirlt

Für 10–12 Stück
Zubereitung: 30 Minuten
Backzeit: 20 Minuten

Zubereitung

Die Kartoffeln schälen, abspülen und in große Stücke schneiden. In Salzwasser etwa 20 Minuten kochen. Abgießen und abkühlen lassen. Den Backofen auf 220 °C Ober- und Unterhitze vorheizen.
Die Kartoffeln zerdrücken und das Schmalz dazugeben. Sorgfältig vermengen und nach und nach das Mehl unterrühren, bis ein weicher Teig entsteht. Diesen auf einer bemehlten Fläche ausrollen und mit dem Ei bestreichen. Mit einem Teigausstecher kleine runde Fladen ausstechen. Im Ofen 20 Minuten backen. Die *krumplis pogácsa* serviert man schön heiß mit einer Tasse Milchkaffee.

Crazy cake

USA

Dieser Kuchen ist wie ein Zaubertrank. Wenige Zutaten, die für sich genommen nichtssagend erscheinen, zusammen aber eine runde Sache sind. Duftende, noch lauwarme Schokolade, ein Augenblick nur für sich allein. Wenn das nicht zauberhaft ist …

Zutaten

180 g Weizenmehl Type 405
2 TL Backpulver
150 g Zucker
1 TL Natron
3 EL Kakao
1 Prise Salz
4 EL Sonnenblumenöl
1 EL Essig
Puderzucker zum Bestauben

Für 8 Stücke
Zubereitung: 15 Minuten
Backzeit: 30 Minuten

Zubereitung

Den Backofen auf 180 °C Ober- und Unterhitze vorheizen. Das Mehl mit dem Backpulver sieben und mit dem Zucker sowie dem Natron vermischen. Den Kakao und das Salz untermengen. Zuletzt das Öl, den Essig und 250 ml Wasser mit einem Holzlöffel unterrühren.
Eine Springform mit 20 cm Durchmesser fetten und den Teig einfüllen. Im Ofen 30 Minuten backen. Herausnehmen und abkühlen lassen, anschließend mit Puderzucker bestauben. Für diesen fluffigen Kuchen genügt eigentlich der Puderzucker als Topping, man kann ihn aber auch mit Konfitüre oder Kompott servieren.

Donuts

USA

Zarte goldgelbe Kringel in pastelligen Farben mit dem einladenden Duft von Zuckerstreuseln sind ideal, um den Tag mit guter Laune zu beginnen.

Zutaten

Für den Teig:
500 g Weizenmehl Type 405
60 g Zucker
4 Eier (M) und 1 Eigelb
20 g frische Hefe
Mark von 1 Vanilleschote
70 ml lauwarme Vollmilch
80 g weiche Butter
8 g Salz
2 l Sonnenblumenöl zum Frittieren

Für die Glasur:
200 g Zartbitterschokolade
40 g Butter
180 g Puderzucker
2 Tropfen rosa Lebensmittelfarbe
Zuckerstreusel zum Garnieren

Für 16–18 Stück
Zubereitung: 1 Stunde
Wartezeit: 2 Stunden 45 Minuten

Zubereitung

Für den Teig:
Mehl mit Zucker, Eiern, Eigelb, Hefe und Vanillemark vermengen. Nach und nach die Milch unterrühren. Die Butter hinzufügen und alles zu einem glatten Teig verkneten. Zuletzt das Salz unterkneten. Den Teig mit einem Küchentuch bedecken und an einem warmen Ort 45 Minuten gehen lassen. Kugeln zu je 50 g formen, erneut bedecken und an einem warmen Ort gehen lassen, bis sich das Volumen verdoppelt hat (etwa 2 Stunden). Mit einem runden Ausstecher mit 3 cm Durchmesser ein Loch in die Mitte stechen, sodass Kringel entstehen. Das Sonnenblumenöl auf 180 °C erhitzen und die Donuts darin von jeder Seite 2 Minuten frittieren. Auf Küchenpapier abtropfen lassen.

Für die Glasur:
Während die Donuts abkühlen, die Glasuren zubereiten. Für die Schokoglasur die Schokolade hacken und mit 20 g Butter in der Mikrowelle oder im Wasserbad schmelzen. Für die rosa Glasur die restliche Butter zerlassen und mit dem Puderzucker vermischen. Nach und nach 40 ml Wasser und die Lebensmittelfarbe unterrühren. Wenn die Donuts nur noch lauwarm sind, auf der Oberseite glasieren und die typischen Zuckerstreusel aufstreuen.

Rarebit

Wales

Ein goldfarbener Wasserfall erhellt den düsteren Himmel von Wales an einem regnerischen Morgen. Es ist der geschmolzene Cheddar, der den Tag zum Leuchten bringt.

Zutaten

250 g geriebener Cheddar
6 EL Vollmilch
2 TL Senfpulver
2 TL Worcestersauce
Salz
frisch gemahlener schwarzer Pfeffer
4 Scheiben Kastenweißbrot
40 g weiche Butter
Petersilie und Chilischoten zum Garnieren

Für 4 Personen
Zubereitung: 20 Minuten
Backzeit: 2–3 Minuten

Zubereitung

Den Backofen auf 200 °C Ober- und Unterhitze vorheizen. Den Cheddar zusammen mit der Milch in einem kleinen Topf erwärmen, bis er geschmolzen ist. Vom Herd nehmen, das Senfpulver sowie die Worcestersauce unterrühren, mit Salz und Pfeffer abschmecken und unter Rühren erneut erhitzen, damit die Mischung andickt.
Inzwischen das Brot im Ofen einige Minuten rösten, mit der Butter bestreichen und die Käsecreme daraufgeben. Die Brotscheiben im Backofen unter dem Grill 2–3 Minuten überbacken, sodass eine goldbraune Kruste entsteht. Nach Belieben mit etwas Petersilie und Chilischote garnieren.

Mmh … Cheddar!

Kunun gyada

Westafrika

Genau dies würde passieren, wenn man versuchte, die Sonne in eine Schachtel zu sperren: Farben und Energie würden explodieren!

Zutaten

50 g Kurzkornreis
150 g Erdnusskerne
etwas Tamarindensaft (erhältlich im Asialaden oder selbst gemacht, siehe rechts)

Für 4 Personen
Zubereitung: 45 Minuten
Wartezeit: 8 Stunden

Zubereitung

Den Reis mindestens 8 Stunden in Wasser einweichen, die Erdnusskerne separat 3 Stunden einweichen. Wenn man frische Tamarinde benutzt, die Frucht in heißem Wasser einweichen und in einem feinmaschigen Sieb zerdrücken, den Saft dabei auffangen.

Die Erdnusskerne mit 400 ml Wasser mixen und in ein Sieb geben, das mit Gaze ausgelegt ist, und ausdrücken, um die Milch zu erhalten (die verbleibenden festen Bestandteile kann man für andere Rezepte wie Kekse oder Kuchen verwenden).

Den Reis mit 200 ml Wasser pürieren und beiseitestellen. Die Erdnussmilch in einem kleinen Topf bei niedriger Temperatur zum Kochen bringen, dabei ständig rühren, damit sie nicht anbrennt. Wenn sie kocht, unter Weiterrühren den pürierten Reis zugeben, zuletzt einige Tropfen Tamarindensaft zufügen. 1 Minute köcheln lassen, dann ist die Milch servierfertig.

Wer es gehaltvoller und schneller mag, kann die Erdnusskerne direkt mit etwas Wasser mixen, den Reis für 20–25 Minuten in heißem Wasser einweichen und dann alles zusammen bei niedriger Temperatur kochen lassen, bis der Reis zerfällt. Das Ergebnis ist dann eher wie bei Porridge. Beides ist köstlich. Mit frischem Obst servieren.

peanuts and rice

Dank

Tausendmal habe ich mir vorgestellt, dass ich diese Worte schreibe, und jetzt, wo der Moment da ist, wollen sie nicht kommen und verstecken sich wie beschämte Kinder. Mein erster großer und tief empfundener Dank geht an dich, Elisa. Denn ohne deinen genialen kreativen Geist, deine große Leidenschaft und dein Talent wäre nichts von alldem entstanden. Wir haben vieles erlebt auf dieser Reise, wir sind durch kreative Stürme gefahren und durch unbekannte Ideenmeere gesteuert. Wir sind einander Kompass gewesen, kritischer, aber ehrlicher Spiegel, eine Schulter, an die man sich in Momenten der Hilflosigkeit und des Unbehagens anlehnen konnte, und jemand, bei dem man im Jubel sein überschüssiges Adrenalin loswerden konnte. Falls du dir die Frage stellst, wann es wieder losgeht: Mein Koffer steht schon bereit für die nächste Reise.
Mein zweiter, aber nicht weniger großer Dank geht an die wundervollen Köchinnen Lorenza und Ludovica. Ohne eure Hände, eure Empfehlungen, eure enorme Flexibilität und euren Ideenreichtum wäre diese Reise nicht möglich gewesen. Danke, dass ihr mit uns gereist seid und euch in unsere Welt habt mitnehmen lassen.
Danke an unseren Verlag Nomos Edizioni, dass dort das Projekt ins Leben gerufen wurde und es uns ermöglicht wurde, eine Welt aus Geschmäckern, Bildern und Farben zu schaffen. Dass man dort noch früher als wir jene Augen vor sich sah, die nach Magie, Kreativität und gutem Essen hungerten. Danke an meine besten Freundinnen, in zufälliger Reihenfolge, Chiara, Serena und Marzia, dass ihr mir die Türen eurer Häuser geöffnet habt, dass ihr alle diese Ideen mit euren Händen und mit eurer unverzichtbaren moralischen Unterstützung buchstäblich hochgepäppelt habt.
Von Herzen Dank an meine Familie, vor allem an dich, Marcello. Einen besseren Bruder hätte man sich nicht erträumen können. Zuletzt herzlichen Dank an dich, Marco. Für die Liebe, mit der du mich jeden Tag nährst, für die Zeit, die du diesem Projekt geschenkt hast, das Vertrauen, das du mir immer wieder schenkst, und immer wieder deine Lachanfälle.

Laura

Es ist eigenartig, wie eine Idee entsteht und sich im Laufe eines Weges wandelt und wie einen ihre Entwicklung überraschen kann, wenn man ihr nur die Gelegenheit dazu gibt. Dieses Buch war mehr als die Realisierung eines Projekts auf dem Papier, es war eine wahrhaftige Reise, die tief greifende Veränderungen mit sich brachte. Wenn man ein komplexes Projekt wie dieses umsetzt, geht es nicht nur darum, die eigenen stilistischen und technischen Grenzen zu überschreiten, sondern auch Gefühle ins Spiel zu bringen, sie fließen zu lassen und sie vor allem mit einer neuen Ausdrucksweise mitzuteilen.
Es geht darum, auch hier den Anfängergeist *(shoshin)* wiederzufinden, der nicht nur frei ist von den Gewohnheiten des »Experten«, sondern der bereit ist zu empfangen.

Ich möchte von Herzen all jenen danken, die diese Reise möglich gemacht haben.
Danke an Laura für die einzigartige Atmosphäre ihrer Schnappschüsse, aber auch dafür, dass sie Proviant, Zweifel und Träume mit uns geteilt hat. Du weißt, was es mir bedeutet, dich in diesen Jahren an meiner Seite gehabt zu haben.
Danke an Lorenza und Ludovica, dass sie mit uns die Segel gesetzt und jedem Gericht die richtige Dosis Magie mitgegeben haben.
Danke an Emanuele und Benedetta (Nomos Edizioni), dass sie vom ersten Moment an an uns geglaubt haben und uns neue Welten erkunden ließen, indem sie uns den Weg zeigten.
Danke an Nicolò, meinen Verbündeten in diesem Leben. Du weißt schon.
Danke an meine wertvollen vierbeinigen Assistenten und Meister im Leben. Es ist unglaublich, was ein Tier in das Leben eines jeden von uns einbringt; wie stressig dieses auch verlaufen mag, ist sein Blick immer bereit, den unseren zu kreuzen und uns etwas Wahrhaftiges zurückzugeben.

I shin den shin
(von Herz zu Herz),

Elisa

Impressum

Produktmanagement: Miriam Sender Gorriz
Redaktion: Franziska Sorgenfrei
Satz: Silke Schüler
Übersetzung aus dem Italienischen:
Marianne Glaßer
Korrektur: Anne Di Nunzio
Einbandgestaltung: Leeloo Molnár
Herstellung: Anna Katavic

Fotos: Laura Ascari
Illustrationen und grafische Gestaltung:
Elisa Paganelli
Rezepte: Lorenza Barletta, Ludovica Frigieri
S. 5: Sarah Addison Allen, The Sugar Queen,
Bantam 2008.

Printed in Slovenia by Florjancic

Die Deutsche Nationalbibliothek verzeichnet diese Publikation in der Deutschen Nationalbibliografie; detaillierte bibliografische Daten sind im Internet über http://dnb.d-nb.de abrufbar.

ISBN 978-3-95961-357-6